JOSÉ LINO C. NIETO

THOMAS MORE
Um homem para a eternidade

3ª edição

São Paulo
2023

Copyright © 2001 Quadrante Editora

Capa
Gabriela Haeitmann

Dados Internacionais de Catalogação na Publicação (CIP)

Nieto, José Lino C.
  Thomas More: um homem para a eternidade / José Lino C.
Nieto — 3ª ed. — São Paulo: Quadrante, 2023.

  ISBN: 978-85-7465-573-4

  1. Humanismo 2. More, Thomas, Sir, Santo, 1478-1535 I. Título

CDD-828

Índice para catálogo sistemático:
1. Humanistas ingleses : Literatura inglesa 828

Todos os direitos reservados a
QUADRANTE EDITORA
Rua Bernardo da Veiga, 47 - Tel.: 3873-2270
CEP 01252-020 - São Paulo - SP
www.quadrante.com.br / atendimento@quadrante.com.br

SUMÁRIO

POR QUE THOMAS MORE? 5

«DE FAMÍLIA NÃO CÉLEBRE,
MAS HONESTA» 9

ASCENSÃO E QUEDA 37

«BOM SERVIDOR DO REI, MAS
DE DEUS PRIMEIRO» 67

NOTAS 93

POR QUE THOMAS MORE?

A figura de Thomas More, Lord-Chanceler da Inglaterra, humanista e mártir, adquiriu no século XX um atrativo particular. Desde que foi decapitado, em 1535, por ordem de Henrique VIII, até os nossos dias, a vida nobre, leal e sincera deste homem não cessou de provocar sentida veneração perante a compacta coerência das suas ideias, aliada a um senso de humor que revelava e ao mesmo tempo disfarçava o seu heroísmo.

More nasce num período em que se produziu uma viragem da história: a passagem do mundo medieval para a época renascentista. E como sempre acontece nos momentos de grandes mudanças sociais, havia de tudo no painel humano da época: visionários e tiranos, revoltados e subservientes, arautos da liberdade e aproveitadores. Pela primeira vez em escala continental, o homem comum lia, escrevia, informava-se. A cultura clássica, retomada, exercia uma formidável atração nas Universidades e em todo o panorama cultural, esgotado por um escolasticismo decadente e esquecido da serena grandeza dos grandes medievais.

Pela sua educação e pelo seu modo de ser, Thomas More entrou em cheio nesse ambiente. Dizer que foi um homem polifacético é pouco e oferece o perigo de camuflar a sua identidade: é homem de leis, estudioso da cultura clássica, político, diplomata, o melhor prosador da sua época em latim e inglês, orador e, além de tudo isso, esplêndido pai de família e fiel servidor do Rei. Mas qual a raiz dessa variegada fecundidade? Iremos encontrá-la unicamente nas suas profundas virtudes cristãs.

Chegou a ser lorde chanceler do Reino, mas o cargo não lhe veio parar às mãos pelos títulos de nobreza, que não tinha, nem pela adulação, de que jamais se serviu, mas pela sua probidade na vida profissional. Foi poderoso, mas o poder, longe de convertê-lo num tiranete petulante, foi para ele uma oportunidade de servir. Foi rico e acabou pobre, mas nem a riqueza o inchou nem a pobreza o aviltou. Foi culto, mas primeiro piedoso e humilde. E foi homem de uma só peça: morreu pelas suas convicções, quando, para salvar-lhe a vida, lhe mendigavam que mudasse de parecer o Rei, os nobres, o seu arcebispo, os amigos e a família. Foi mártir; no dizer da época, o mais civil de todos os mártires.

Hoje a figura do simples cristão — do *fiel* cristão, como antes se dizia, sem adjetivos, e bastava — volta a estar em primeiro plano, nesse processo de contínua renovação que se verifica na Igreja, claramente perfilada na doutrina do Concílio

Vaticano II. E é aqui que se insere e cobra novo interesse a figura de Thomas More, cuja vida não deixaria de ser um testemunho eloquente de virtudes humanas e cristãs, conquistadas e defendidas a pulso, mesmo que não tivesse acabado no martírio. Forjada na fidelidade dia a dia ao trabalho, à família, à causa pública, essa vida amassada pela fé traduziu-se numa coerência que o martírio veio selar e universalizar.

«DE FAMÍLIA NÃO CÉLEBRE, MAS HONESTA»

Infância e estudos

Os pais de More eram naturais de Londres e ambientados na *City*, o coração comercial da cidade. O pai, John More, era juiz e foi nomeado cavaleiro — *knight* — pelo rei Eduardo IV, em retribuição pelos seus serviços. Casou-se em 1474 com Agnes Granger, e em anos sucessivos nasceram Joan, Thomas, Agatha, John, Edward e, por último, Elisabeth. Thomas nasceu em 7 de fevereiro de 1478. Em 1482, falecia Agnes, a mãe, mas o pequeno More aceitaria de bom grado que o pai se voltasse a casar e corresponderia com agradecimento ao afeto da madrasta.

More faz os seus primeiros estudos na escola de Saint Anthony, anexa ao hospital do mesmo nome, e em breve os pais e os mestres reparam nas suas qualidades. A aplicação da criança, os seus progressos em latim, inglês, história e retórica mereciam um esforço maior, e o pai move influências para que Thomas seja admitido na casa do Cardeal Morton.

Morton era figura principal naqueles anos. Nomeado lorde chanceler do Reino Unido, tinha protagonizado momentos críticos na história do país e contribuíra decisivamente para a elevação ao trono de Henrique VII Tudor, pondo termo assim à longa contenda feudal entre as casas de York e Lancaster, envolvidas na Guerra das Duas Rosas.

No convívio com Morton, o pajem aprendeu discrição e modos requintados, escutou conversas à mesa entre gente importante, teve notícia de acontecimentos da vida política e diplomática. Além disso, começou a familiarizar-se com os clássicos e com outras obras editadas em inglês. E assim adquiriu os rudimentos de uma educação que viria a dar-lhe uma extraordinária desenvoltura na vida da Corte.

Dono de uma grande naturalidade e de um engenho precoce, e ciente da simpatia que o Cardeal nutria por ele, Thomas intervinha nas representações teatrais que tinham lugar no palácio de Lambeth, e ao declamar alterava jocosamente frases do texto, intercalava episódios da sua lavra ou, introduzindo-se subitamente no meio dos atores, inventava papéis sem ter estudado antes a peça. Essa veia de humor, o seu poder de análise e intuição, a sua flexibilidade mental, aliados a uma extrema simplicidade, levaram Morton a dizer em diversas ocasiões aos que jantavam com ele: «Este rapaz que nos serve à mesa vai ser um homem extraordinário; os que viverem verão».

Oxford e as inns

Por insistência do Cardeal, aos catorze anos, Thomas vai de Londres para Oxford, a cidade universitária que modelaria a sua cultura enquanto não chegava o momento de começar o estudo das leis.

No Colégio de Canterbury, submeteu-se à severa disciplina da instituição: levantar-se de madrugada, estudo pela manhã e um rápido almoço ao meio-dia, «onde sempre escasseava a carne», para voltar novamente às aulas, especialmente ao latim clássico, aos escritores antigos, à poesia, prosa, exercícios de gramática e retórica, etc. Abria assim a sua inteligência à cultura clássica.

Em Londres, o pai pensava que nada melhor do que pouco dinheiro para que o filho amadurecesse depressa e não se acostumasse às facilidades. E assim, Thomas dispunha apenas do estritamente necessário para viver. Mais tarde, elogiaria essa conduta do pai: «Foi assim que não caí em vícios ou em atividades extravagantes ou perigosas. Nem ocasião tive de saber o que eram, pois o dinheiro não dava para tanto»[1]. Depois de dois anos de vida acadêmica, o pai, considerando que os estudos do filho em Oxford não seriam de grande utilidade para trabalhar nos tribunais civis, ordenou-lhe que recolhesse os livros e voltasse para Londres.

No verão de 1494, com dezesseis anos, o jovem estudante encontra-se com muito tempo livre, e são desse tempo os seus primeiros poemas em latim e inglês, bem como a sua primeira tentativa de namoro com uma moça «de olhar cintilante»[2] que durou o que durou o verão.

Acabadas as férias, o pai «colocou-o numa das Câmaras dependentes da Chancelaria, chamada *New Inn*, para que estudasse as leis do reino. Ali fez grandes progressos e dali passou para a *Lincoln's Inn*, a fim de continuar os estudos, até que se formou como advogado de prestígio»[3].

Nessas Câmaras, que eram ao mesmo tempo residências universitárias e colégios de advogados, estudava-se a *Common Law* e as práticas processuais, não pela teoria dos livros, mas pelo estudo de casos e análise da jurisprudência. Aos vinte anos, More conclui os seus estudos e já pode advogar.

More e o humanismo cristão

Estava longe do temperamento e da sensibilidade de More limitar a sua atividade ao estudo e aplicação das leis. Não se pode esquecer que, mais do que muitos outros, More seria um homem do seu tempo, e os tempos eram sedutores.

O humanismo renascentista estava em pleno apogeu nos círculos intelectuais de Londres. O jovem advogado não precisou de muito tempo para integrar-se nas reuniões patrocinadas por grandes nomes do humanismo inglês, como Grocyn e Colet.

De Grocyn aprendeu a língua grega, e com Colet remontou-se diretamente às fontes da Antiguidade clássica e aos primeiros teólogos do cristianismo. Estuda com entusiasmo e avidez, e em breve domina a fundo Marcial, Tito Lívio, Plauto, Luciano, São Jerônimo, São Gregório, Santo Agostinho, etc.

Quase por acaso, More conhece nesta altura um clérigo holandês, de baixa estatura e fraco de saúde, chamado Erasmo. Era natural de Rotterdam, e viria a ser a figura mais importante e discutida do Renascimento; considerado o primeiro europeu, seria chamado «cidadão da cristandade» pelas suas constantes viagens no momento em que desabrochavam as nacionalidades. A amizade que se estabeleceu entre os dois duraria toda a vida e muito possivelmente contribuiu para aumentar a dedicação de More aos estudos clássicos. A ele dedicaria Erasmo o seu livro mais conhecido, *Elogio da Loucura* (1508), e a Erasmo confiaria More o seu livro *Utopia* (1516), o mais célebre no seu tempo, para que o editasse em Basileia.

Roubando tempo ao sono, Thomas continua a ler e estudar profundamente todos os clássicos gregos e latinos, escreve poemas, diálogos, cartas, e não falta às reuniões com os amigos humanistas. Está aberto a tudo, tanto que o seu ímpeto deixa Erasmo de boca aberta; o holandês descreve o inglês como *«libertatis avidus»*, faminto de liberdade. Mas ao mesmo tempo acrescenta: «Onde se encontrará um caráter mais amável, mais sedutor e mais alegre que o de Thomas More?»[4].

Ao contrário do polemista que foi Erasmo, cuja ironia resvala em muitos escritos para o azedume, More não se deixa dispersar pelas novidades culturais, antes se fortalece no seu modo de ser equilibrado, sempre à busca de critérios lúcidos no meio das grandes mudanças sociais. Todas as suas ideias, todas as suas decisões darão a impressão de um homem profundamente reflexivo, que medita o fundo das coisas e combina prodigiosamente o velho e o novo para fundi-los no *sempre*. O fato é que toda essa inclinação pelas letras o levará a indagar-se, ainda jovem, sobre o rumo da sua própria vida.

More procura o seu caminho

Thomas vivia rodeado de amigos, cativava pela sua simplicidade e alegria, era cada vez mais conhecido profissionalmente e buscava o convívio com moças. E, no entanto, aos vinte e dois anos, segundo escreve William Roper, seu genro e íntimo amigo, «decidiu entregar-se à devoção e à oração na Cartuxa de Londres, vivendo ali piedosamente, mas sem votos, por um período de cerca de quatro anos»[5].

Que aconteceu? Simplesmente que More, cuja sede de cultura era sede de profundidade, cujo trato aberto não lhe tirava o domínio de si, decidiu ir a fundo também no problema da sua existência e auscultar qual seria a vontade de Deus a seu respeito. Erasmo escreveu que o seu amigo se preparava para ser sacerdote. Não chegou a isso, pois não interrompeu a sua atividade profissional, as conferências e palestras, as reuniões de estudos humanísticos, etc. Apenas procurava o seu caminho.

Não vivia no convento, mas na *Guest Hall*, a hospedaria anexa, assistindo a retiros e palestras de espiritualidade e submetendo-se a um regime de vida exigente: poucas horas de sono, muitas vezes no chão ou sobre um banco, frequentes jejuns, oração e meditação da vida de Cristo. Mas não chegou à conclusão de que Deus o chamasse por aí. Tentou os franciscanos. Também não era isso. O jovem apaixonado pelos estudos, de caráter expansivo e inclinado à convivência, não nascera para a vida do claustro.

Continuou com o ritmo de vida exigente e mudou o rumo das suas indagações, desta vez como bom humanista: através da pesquisa. Dedicou-se a um estudo histórico que começava com os *Atos dos Apóstolos* e continuava com Tertuliano e os escritores cristãos dos primeiros séculos.

Um livro atraiu particularmente a sua atenção: *A Cidade de Deus*, de Santo Agostinho. Esta obra, escrita para esclarecer que não cabia aos cristãos a responsabilidade pelos males que afligiam Roma com a invasão dos bárbaros, descreve o cristão como um cidadão igual aos outros; o que o distingue é o espírito: dois amores criaram duas cidades — a dos homens, que procede do amor próprio e leva ao desprezo de Deus, e a de Deus, que procede do amor divino e leva ao desprezo de si mesmo. A leitura deste livro, sobre o qual More daria um curso aberto na igreja de São Lourenço de Londres «com não pouco prestígio e grande admiração dos ouvintes»[6], deve-lhe ter feito entrever um novo modo de seguir a Deus, que consistia na renúncia e no aprimoramento interior, mais do que numa separação física da sociedade.

Por essa altura, vem-lhe ter às mãos uma edição da vida de Pico della Mirandola, publicada em Veneza.

Pico della Mirandola (1467-1494) fora uma personalidade ímpar nos meios culturais e sociais da época. Dono de uma precocidade intelectual sem precedentes, dominava muitas línguas antigas e modernas, tinha fama de «perfeito filósofo e teólogo perfeito»[7], fora político brilhante e, pela sua nobreza, renome e dinheiro, «atraía muitas mulheres».

Mas um belo dia deu uma reviravolta interior: decidiu vender a sua fortuna e dedicar-se a pregar a doutrina de Cristo por cidades e aldeias. O seu discurso sobre a *Dignidade do Homem* tem acentos de fogo: «Eu te fiz — diz o Criador a Adão — nem celestial nem terreno, nem mortal nem unicamente imortal, para que sejas livre de modelar-te e vencer-te. Os animais trazem consigo desde o ventre da mãe o que serão durante toda a sua vida. Os espíritos angélicos são desde o começo, ou pouco depois, o que sempre serão. Só a ti te é dada a possibilidade de crescer e desenvolver-te por tua própria liberdade. Em ti estão sepultados os germes de uma vida cósmica».

More traduz a *Vida* de Pico, e sobre o pano de fundo desse homem de vastíssima cultura, vai-se impressionando com as máximas da sua vida aberta para o horizonte da identificação com Cristo: Pico «amava a liberdade sobre todas as coisas», tinha «horas fixas para as suas orações», «estava sempre alegre», «açoitava a sua própria carne» e «desprezou as glórias mundanas». Assim se perfilava em More a atração por esse espírito afim do seu, a quem a cultura servira de caminho para Deus.

Espírito prático, More procurou imediatamente um diretor espiritual que o pudesse orientar, e a escolha recaiu em John Colet, sacerdote e grande humanista, um dos seus mestres. Colet dissuadiu-o de continuar as suas indagações sobre a vida religiosa, aconselhou-o a casar-se e a entregar-se em cheio às suas atividades profissionais e às suas preocupações humanistas. E estabeleceu-lhe um plano intenso de práticas de piedade, que More seguirá fielmente no meio de um ambiente tumultuado como o da *City*. Compreende-se o elogio que dele faria Erasmo: «É um homem que vive com esmero a verdadeira piedade, sem a menor ponta de superstição. Tem horas fixas em que dirige a Deus as suas orações, não com frases feitas, mas nascidas do mais profundo do coração. Quando conversa com os amigos sobre a vida futura, vê-se que fala com sinceridade e com as melhores esperanças. E assim é More também na Corte. Isto, para os que pensam que só há cristãos nos mosteiros»[8].

Agora, sim, Thomas More tem toda a bagagem para mergulhar em cheio naquele mundo que tanto o seduzia. A sua extraordinária competência no exercício da profissão ver-se-á constantemente acompanhada pela luz e pelo calor de Cristo. Em breve o encontraremos na Corte e em atividades políticas. E viverá a liberdade de proceder em cada passo segundo a sua consciência, iluminada pela fé, sem vergar-se aos poderosos nem isolar-se dos humildes.

More casa-se e entra na vida política

A desenvoltura com que More atua na vida profissional tinha como reverso a prudência quanto aos temas da sua vida sentimental. Decidiu que tinha chegado a hora de casar-se e fechou-se no quarto escrevendo um poema em que idealizava as características da esposa que iria escolher. Deixando de lado o humor, precaveu-se a si próprio contra dois perigos: correr ingenuamente atrás das primeiras «faces rosadas» e deixar-se seduzir pelo dinheiro. Depois, passou a frequentar resolutamente a casa do seu amigo e colega Colt, pai de dezoito filhos, acabando por casar-se, em 1505, com a filha mais velha, Jane, de dezessete anos.

Instalados numa casa da rua Bucklersbury, os recém-casados estudavam juntos literatura e música. Foi nessa altura que os visitou Erasmo, que era uma dessas pessoas sem qualquer senso de oportunidade. Thomas vibrou com a possibilidade de ampliar os seus estudos humanísticos. Foi uma sucessão de dias em que os dois amigos se dedicaram a traduzir Luciano e a conversar em latim, até que as lágrimas da esposa — que nada compreendia da língua e sobretudo estava grávida — deram a entender ao marido que as coisas não iam bem. Mas tudo se resolveu com uma viagem de descanso a Essex e uma intervenção do sogro que, embora partidário de que More desse uma boa surra na mulher, conversou com a filha a pedido do genro e fez retornar a paz. Nunca tiveram outros desentendimentos. Em anos sucessivos nasceram Margaret, Elizabeth, Cecily e John.

Não se sabe como é que More entrou na vida política. O certo é que, na primavera de 1504, vemo-lo tomar assento entre os parlamentares convocados pelo Rei para que fosse votado mais um aumento de impostos. O clima era de medo, e os membros mais antigos, temendo represálias reais, optaram pelo silêncio. More falou nessa sessão, e esgrimiu tais argumentos e mostrou tal saber jurídico que acabou por sobrar para Henrique VII um terço da quantia pedida. Evidentemente, o episódio contribuiu para firmar o seu prestígio entre os políticos e os homens da *City*, mas o Rei, ao saber que um jovem quase imberbe tinha abortado os seus planos, vingou-se no pai: Sir John More foi encerrado na Torre até que pagasse cem libras por ter perdido uma misteriosa ação em que era acusado de danos ao Estado. Pagou, mas deve ter pensado na bendita hora em que o filho entrara na vida política.

A partir de agora, More não para. Quando atinge os trinta anos, é já um advogado de prestígio, pelo seu saber, prudência e perícia. «Não havia assunto importante levado aos tribunais do reino em que não interviesse. Quando um cliente o procurava, estudava o assunto em todos os pormenores e exigia toda a verdade. Depois, se verificava que o seu cliente estava com a razão, animava-o a ir em frente; mas se considerava que não havia fundamento para a causa, dizia-o com sinceridade e aconselhava a desistir da demanda»[9]. Ganhava folgadamente mais de quatrocentas libras por ano, o que devia ser muito, pois o genro menciona a cifra com um ponto de admiração.

A sua fama de advogado foi-se espalhando, e em 1510 é nomeado *Under-Sheriff*, com a missão de ajudar o prefeito a administrar a justiça. Nesse mesmo ano passa a fazer parte da *Commission of Peace* de Hampshire e tem que percorrer o interior em missão de paz judicial. «Ninguém resolveu mais casos do que ele, nem mostrou maior integridade»[10].

Nem por isso abandona as suas preocupações humanísticas, e por esta época escreve a sua *História de Ricardo III*, em texto duplo, latino e inglês, na qual Shakespeare viria a inspirar-se para escrever o seu *Ricardo III*. Publica também a tradução da *Vida de Pico della Mirandola*. E dá um curso de conferências no *Lincoln's Inn*.

A família de Thomas More

O lar dos More era um mundo cheio de gente: além dos quatro filhos, outros jovens se educavam nessa família, sob a supervisão direta de More, e havia, além disso, a visita dos amigos humanistas. Pelas cartas que se possuem, depreende-se que a vida familiar lhe proporcionou mais satisfações do que todos os sucessos profissionais.

Em 1511 faleceu Jane More, e o marido sentiu um enorme vazio. É surpreendente a rapidez com que voltou a casar-se — segundo parece, apenas um mês após enviuvar —, escolhendo para sua segunda esposa Alice Middleton, viúva e alguns anos mais velha do que ele. Animou-o a isso um único motivo: a necessidade de refazer quanto antes o lar, e não outra coisa, pois o cartuxo Bouge, que foi quem o casou, escreve que o advogado era seu «filho espiritual, e tinha tão grande pureza, e era tão limpo, diligente, delicado e devoto em suas confissões que nunca ouvi outras como aquelas»[11].

Alice era uma mulher enérgica, de caráter forte e teimoso, mas soube administrar o lar «com um tato admirável, atribuindo uma tarefa a cada um e exigindo o seu cumprimento, sem permitir que ninguém ficasse ocioso ou se ocupasse em bobagens»[12]. More referia-se à sua segunda esposa como *nec bella nec puella*, nem bela nem jovem, mas amou-a integramente, tratando-a com a sua costumeira doçura e paciência. «Dela obtém com carinho e brincadeiras — escrevia Erasmo — uma submissão rendida, coisa que outros maridos não conseguem dando ordens e mostrando-se severos com as suas mulheres. Que não conseguirá esse homem, se conseguiu que a sua mulher, já de idade madura, nada fácil de persuadir e ocupada em atividades domésticas, aprendesse a tocar a cítara, o alaúde e a flauta, e até prestasse contas diárias das suas tarefas?»[13].

A sua preocupação com os filhos e a minúcia com que acompanhava tudo o que lhes dizia respeito, mesmo no meio dos absorventes assuntos jurídicos e das graves negociações que o ocupavam, revelam-se claramente na correspondência que trocava com eles, sobretudo ao longo das suas viagens ao continente em missões diplomáticas. Diz assim numa das cartas: «Não consigo expressar adequadamente, queridas filhas, como estou contentíssimo com as vossas deliciosas cartas; acreditai-me se digo que nada há que mais me deleite, no meio dos meus trabalhos cansativos, do que ler o que me chega de vós»[14]. Diz-lhes também que não aceitará nenhum pretexto para que não lhe escrevam: «Como é possível que não saibais o que dizer-me, quando eu fico tão contente ao saber dos vossos estudos e brincadeiras?». Mostra-lhes o seu agrado em que, quando não tenham nada que contar, lhe «escrevam isso mesmo com muitas palavras», e acrescenta brincalhonamente que «isso não deverá supor nenhuma dificuldade em meninas de per si muito faladoras».

More serviu-se da sua natural simpatia para ganhar em primeiro lugar a amizade dos filhos. Não é de estranhar, por isso, que em sua casa se respirasse um clima de afeição profunda e de amável convivência. E lá estava sempre presente o bom humor do pai para superar situações menos agradáveis. Assim escrevia a Meg, a filha mais velha: «Tu sabes com quanta frequência te tenho beijado e com que pouca frequência te bati, e mesmo então foi com cauda de pavão, delicadamente, para que não ficassem marcas em tuas tenras carnes»[15].

Certa vez, Meg escreveu ao pai pedindo-lhe dinheiro, e recebeu esta resposta: «És demasiado tímida e reservada no teu pedido, porque pedes a um pai que está ansioso por dar-te, e porque escreveste-me uma carta tão bela que não só estaria disposto a pagar uma moeda de ouro por cada linha, mas mesmo duas onças de ouro por cada sílaba, se os meus meios materiais fossem tão abundantes. Mas, dadas as circunstâncias, envio-te só o que me pedes. Teria acrescentado mais se não fosse porque, assim como estou ansioso por dar-te, gosto também de que a minha filha me peça e suplique com agrado, especialmente tu, cuja virtude e estudos te tornaram tão querida ao meu coração. Adeus, queridíssima filha»[16]. Meg tinha então treze anos.

A educação dos filhos

More educou os filhos com um cuidado amoroso e pessoal. E propôs-se uma absoluta novidade: tanto John como Margaret, Elizabeth e Cecily estudariam por igual latim, grego, lógica, astronomia, medicina, teologia e matemática. Era surpreendente, porque a ninguém passava pela cabeça proporcionar às mulheres o mesmo nível de instrução que aos homens. Meg chegou a ser uma erudita em línguas clássicas, ao ponto de ter corrigido num texto de São Cipriano um erro que passara despercebido aos especialistas. A fama das filhas estudiosas de More estendeu-se por toda a Europa através dos elogios de Erasmo, e o próprio

Rei as convidou a manter um debate filosó-
fico na sua presença.

Mas o pai queria uma síntese entre a
instrução e as virtudes cristãs: essa foi a
sua principal preocupação. Durante as
suas viagens, escreve aos professores dos
filhos dando-lhes instruções precisas:
«Que não se deslumbrem à vista do ouro, que não se lamentem por não possuí-
rem o que erradamente admiram nos outros [...], que não se considerem melhores
pelas suas vestes ou enfeites chamativos,
nem piores por carecerem deles, que po-
nham a virtude em primeiro lugar e a instrução em segundo [...]. Mediante tais en-
sinamentos, receberão de Deus o prêmio
para uma vida honesta, contemplarão a
morte sem temor e, tendo uma sólida alegria enquanto viverem, nunca se deixarão
inchar pela oca bajulação dos homens
nem abater-se pelas más línguas. Estes —
continua More — são para mim os autên-
ticos frutos do estudo, e estou certo de que

os que a ele se entregam deste modo facilmente conseguirão o que se propuserem e chegarão a ser perfeitos»[17]. Assim era More, o mesmo que, ao falar com os filhos de Astronomia, os convidava a levantar a mente aos céus: «Não vos aconteça que, enquanto tendes o corpo com o olhar no alto, a vossa alma esteja inclinada para a terra, como a dos animais»[18].

No lar houve sempre, por iniciativa do pai, um clima de piedade cristã cheio de naturalidade. Toda a família se reunia para rezar as orações da noite, um ou outro Salmo, a Salve-rainha e uma oração pelos defuntos. Aos domingos, assistiam à Missa juntos. Tinham uma intensa devoção a Nossa Senhora, que se traduzia na recitação do terço e em visitas a santuários marianos e ermidas.

Quando o genro, William Roper, que se casou com Meg em 1521, se deixou influenciar pelas novas ideias luteranas, More teve longos colóquios com ele. Ao perceber que não conseguiria nada, decidiu não tocar mais no assunto e limitar-se a rezar por ele. A oração de More foi eficaz, porque pouco tempo depois Roper voltava à plenitude da fé.

Em 1524, More comprou umas terras em Chelsea, a uma légua da City. Lá construiu uma casa espaçosa, mas quando percebeu que em breve começariam a chegar os netos, pois também Elizabeth e Cecily se casaram, mandou construir um pavilhão a certa distância da casa, com uma biblioteca, uma galeria e uma capela. Lá se entregava ao estudo e às suas práticas de piedade, consagrando as sextas-feiras à meditação da paixão do Senhor e da sua agonia. Era na capela que reunia a mulher, os filhos e a criadagem para as orações da noite.

Era raro ver naquela casa convidados nobres e ricos. Pelo contrário, More pedia com frequência a vizinhos humildes e necessitados que compartilhassem a sua mesa com ele e a sua família, e não tardou a alugar um edifício onde instalou um hospital para pobres, órfãos e viúvas. Confiou a administração do hospital à filha mais velha, com a participação dos demais filhos e dos criados, e conta-se que, quando uma mulher estava prestes a dar à luz, More se retirava para orar, até que lhe vinham comunicar a alegre notícia.

Erasmo sentiu sempre uma grande admiração pela luz misteriosa que emanava daquela família. Assim escrevia a um amigo: «Verdadeiramente, é uma felicidade conviver com eles»[19]. Talvez o segredo estivesse nas palavras com que More abriu o epitáfio para o túmulo de todos os seus: «De família não célebre, mas honesta». Cristãmente honesta.

ASCENSÃO E QUEDA

More na corte do rei

Em 1514 More é admitido na Sociedade de Doutores e no ano seguinte viaja a Flandres como membro da delegação encarregada de rever o convênio entre comerciantes ingleses e flamengos. No meio desses trabalhos, tem oportunidade de visitar o humanista Pedro Gilles, em Ambères, e o espanhol Luís Vives, em Bruges, e com eles mantém longas conversas culturais. Dado o sucesso dessa primeira missão, recebe o cargo de Conselheiro do Reino, ganhando ao mesmo tempo a amizade e o reconhecimento do Cardeal Wolsey, Chanceler do Reino*.

A esses primeiros trabalhos oficiais seguem-se rapidamente outros: no verão de 1517, o advogado está de novo no continente, desta vez como membro de uma embaixada destinada a negociar com os franceses em Calais. Em 1518 passa a prestar serviços diretamente na Corte, como um dos secretários do Rei. Em 1521 é nomeado Vice-tesoureiro e *knight*, cavaleiro com direito ao título de *Sir*.

(*) Mas More nunca sacrificaria a sua independência de espírito nas relações com Wolsey. Quando, pouco depois de ter sido nomeado membro do Conselho Privado, foi convocado por Wolsey para uma reunião em que se debateria determinado projeto, More mostrou-se contrário à opinião de todos. O Cardeal, enfurecido, perguntou-lhe se não se envergonhava de discordar do parecer de tanta gente nobre e sábia: «Bem mostrais ser Conselheiro estúpido e idiota!» O insultado respondeu imediatamente: «Demos graças a Deus por Sua Majestade o Rei ter um só idiota no seu Conselho» (Thomas Stapleton, *Tres Thomae*, fols. 1029-1030).

A situação política interna parecia tranquila. Ocupava agora o trono Henrique VIII, que se casara em 1509 com Catarina de Aragão, depois de obter uma dispensa papal, pois Catarina era viúva de Artur, irmão mais velho de Henrique, falecido poucas semanas após o casamento. Nos primeiros anos de reinado, Henrique foi um excelente governante, dedicado aos súditos e à Rainha. A nota negativa foram os sucessivos abortos do casal. Em 1516 nascia a princesa Maria — a futura Maria Tudor —, mas terminavam definitivamente as esperanças do Rei de ter um herdeiro varão.

É um tempo em que More goza da confiança e da amizade do Rei, que o chama frequentes vezes para consultá-lo sobre assuntos de governo e também, quando os outros conselheiros se retiram, para conversar sobre teologia, astronomia ou geografia.

Por volta de 1520, More já toma parte em todos os acontecimentos políticos e diplomáticos importantes: está presente nas conversações entre Henrique e o Imperador Carlos V, à procura de alianças contra Francisco I da França; atravessa várias vezes o canal da Mancha como membro do séquito de Wolsey e percorre Flandres em sucessivas missões oficiais. É cada vez mais íntimo do Rei, ao ponto de ter havido um período em que lhe era difícil conseguir um dia para passar com a família, até que decididamente pôs termo ao trabalho fora de horas.

Mas More não se enganava. O seu realismo, a sua capacidade de observação e a sua experiência não lhe escondiam os verdadeiros problemas. Percebia de longe que, dado o temperamento do Rei e a subserviência do Parlamento, o assunto do herdeiro varão — aquilo que depois se veio a chamar *the King's matter* — não ia por bom caminho.

Em 1527, More passeava pelo jardim da sua casa em Chelsea. Acompanhava-o

Roper, o genro, que lhe dizia estar feliz com a afinidade cada vez maior que notava entre o Rei e o seu sogro. More ficou sério e disse-lhe que não se iludisse, «pois se com a minha cabeça pudesse o Rei ganhar um só castelo na França, não há dúvida de que não a traria eu sobre os meus ombros»[20]. O declínio moral de Henrique VIII, envolvido frequentemente em relações amorosas extraconjugais, a rarefação do seu caráter e o seu crescente despotismo não lhe faziam pressagiar nada de bom.

A «Utopia»

De regresso da sua primeira viagem a Flandres, More gozou de um tempo de descanso que aproveitou para trabalhar na redação definitiva da sua obra mais conhecida: a *Utopia*.

Escrito em forma de diálogo, o livro fala de uma ilha imaginária — *Utopia* é uma palavra grega que significa «em nenhum lugar» —, descoberta por um navegador português, Rafael Hythlodeo. More idealiza um diálogo entre ele mesmo, Rafael e o seu amigo humanista Pedro Gilles, sobre os costumes dos habitantes da ilha. O elemento fantasioso mais se acentua quando se percebe que Hythlodeo significa «homem que fala à toa» (embora More ponha na boca do seu personagem português opiniões argutas e verdades ferinas), que Amauroto — a capital da ilha — significa «entre névoas» e que o rio que a banha, o Anidro, é um rio «sem água».

Mas sob o véu da fantasia, toda a obra contém as ideias de More sobre a política dos povos, a rapacidade do nascente capitalismo mercantil, o despotismo e a ostentação dos príncipes do Renascimento, os abusos da nobreza, a falta de sentimentos cristãos nos grandes temas da vida coletiva, etc.

Embora pagãos, os utopienses são felizes e vivem em paz graças às suas instituições, à sua generosidade e ao seu amor ao trabalho. Consideram a preguiça como o pior delito, mas, ao mesmo tempo, a jornada de trabalho é de seis horas, que acham suficientes pois ninguém inventa necessidades além daquelas que a vida traz consigo, e todos dispõem de tempo para cuidar da família, distrair-se e cultivar o espírito.

Desprendidos, chegam ao ponto de dar aos filhos pérolas para que as usem como bolas de gude. Utilizam o ouro para acorrentar os presos. Lançam-se à rua para ver passar as comitivas dos embaixadores, e saúdam com cortesia os criados destes, imaginando que são os senhores daqueles infelizes escravos cobertos de ouro e pedrarias. E entre a multidão há rapazes que gritam para as mães: «Olhe, mãe, esses vadios trazem pedras preciosas e pérolas como se fossem crianças». Ao que as mães lhes respondem: «Fique quieto, filho, que esses devem ser os bufões dos senhores embaixadores». Comem e bebem em pratos e copos de barro e de vidro, bem trabalhados, mas de pouco valor. Em contrapartida, com o ouro e a prata fazem urinóis.

Os utopienses possuem as coisas em comum, conforme as necessidades de cada grupo e cidade; e toda a ilha é «como uma única família». Essa pobreza não consiste em privações, mas no absoluto desprendimento e desinteresse pelos bens materiais.

Não existem classes sociais, mas, de acordo com os dotes físicos e intelectuais de cada qual, uns dedicam-se ao campo e à indústria, outros às artes liberais e do espírito.

Creem em Deus — no Deus da religião natural —, na imortalidade da alma, no poder da oração, e têm uma visão otimista da morte, pois «pensam que Deus dará as boas-vindas àqueles que, tendo sido chamados, correm para Ele com alegria»[21].

Para muitos, esta obra, que deu que falar em toda a Europa, é uma obra um tanto estranha, de um naturalismo surpreendente num autor profundamente cristão. Para outros, trata-se de uma brilhante antecipação do socialismo coletivista*, pois entre os utopienses não há propriedade privada.

A *Utopia* é um *divertimento* cheio de significado para quem percebe o espírito de More, o seu gosto pelas frases insinuantes, pelos silêncios eloquentes, pela fina ironia que desperta no leitor justamente a impressão contrária à da letra. É um trabalho da imaginação sem compromissos, como o de uma criança que sonha em voz alta as suas fantasias. Mas é também uma chamada de atenção.

O seu reino utópico não é uma sociedade cristã, mas uma nação pagã que se rege pela luz da razão natural, pois não chegou

---

(*) Esta conclusão é desmentida pelo próprio livro, pois quando o navegador português comenta que na ilha todos os bens são comuns, More não concorda e diz: «Eu sou de opinião contrária, e penso que os homens nunca poderão viver prosperamente onde todas as coisas forem comuns».

até ela a pregação do Evangelho. E é aqui que se encontra a suave e irônica advertência do autor, no dizer de Vázquez de Prada: «A ambição, o orgulho e os vícios sensuais rebaixaram de tal forma a conduta cristã dos povos que é vergonhoso contemplar como os utopienses, que não receberam a Revelação, se mantêm num nível superior ao dos reinos chamados cristãos»[22].

O rei, Ana Bolena e a queda de Wolsey

Vendo que Catarina não lhe poderia dar mais filhos e apaixonado por Ana Bolena — de cuja irmã tinha sido amante —, Henrique VIII pensava obsessivamente no modo de obter do Papa a anulação do seu casamento. Iniciou, pois, uma série de consultas, e um dos consultados foi More, que não demorou em declarar ao Rei que, por não ser teólogo, não se considerava competente na matéria. Henrique não o levou a mal, mas persistiu no seu propósito.

Tanto insistiu que Clemente VII acabou por dar poderes a Wolsey e ao núncio Campeggi para que estudassem o caso. Rudemente, o monarca fez saber ao núncio que queria a nulidade a todo o custo, e este, alarmado com tamanha parcialidade, decidiu arrastar o caso o mais possível. Em 1527, Henrique enviou agentes a Roma com a missão de subornar os assessores do Papa, mas Clemente VII revogou os poderes dados a Wolsey e Campeggi.

Contestando a decisão do Papa, Henrique, cuja vitalidade se transformava progressivamente em violência, ordenou aos dois cardeais que se constituíssem em tribunal para dar a sentença. Em 23 de julho de 1529 esgotaram-se os prazos judiciais, e o núncio não teve outra solução senão pronunciar-se. Havia uma grande tensão na sala e Henrique estava escondido por trás de umas cortinas quando Campeggi se levantou para falar: «Não estou disposto a condenar a minha alma por causa de nenhum príncipe ou potentado. Assim, não levarei adiante este caso, a menos que tenha sobre ele critério e opiniões justas, com o assentimento do Papa e das pessoas do seu Conselho mais experientes do que eu em matéria tão duvidosa. Em conformidade com os tribunais de Roma, de quem este tribunal depende, fica adiada por ora a sentença»[23].

O furor do Rei e dos cortesãos foi enorme. O duque de Suffolk gritou: «Nunca existiu alegria na Inglaterra enquanto houve cardeais entre nós». More não escutou essas palavras porque estava em Cambrai, como embaixador para negociar a paz entre Francisco I e Carlos V. Se as tivesse escutado, teria visto confirmados os temores que anunciara tempos atrás ao seu genro.

O Rei não perdoou a Wolsey esse fracasso e poucos meses depois destituía-o do cargo. Levado à Torre de Londres um ano depois, diria arrependido, pouco antes de morrer: «Se tivesse servido a Deus com a diligência com que servi ao Rei, Deus não me teria desamparado»[24]. O cargo de Lord--Chanceler ficava vago.

Thomas More, lorde chanceler

Os nomes mais cotados para ocupar o cargo de Chanceler eram dois nobres, os duques de Suffolk e Norfolk. Mas o Rei pensou em Thomas More, em quem reconhecia as qualidades necessárias: era admirado por todos — até pelo próprio Rei —, tinha grande experiência diplomática, era excelente juiz e, o que era mais importante, não era clérigo nem nobre, o que o fazia esperar secretamente que se dobraria com mais facilidade na questão da nulidade do seu casamento.

Efetivamente, uma das primeiras coisas que o Rei fez, logo após a nomeação, foi consultá-lo sobre o seu «assunto». More escreveu: «Pouco após a minha nomeação, Sua Majestade instou-me de novo a considerar o seu importante assunto, meditando-o a fundo e com objetividade. [...] Mas, generosamente, declarou-me que não desejava de forma alguma que eu fizesse nada que chocasse com a minha própria consciência, e que devia olhar primeiro para Deus e, depois de Deus, para ele»[25].

More não foi leviano: depois de consultar pelo menos quatro especialistas, tornou a dizer ao Rei que, tratando-se de um problema de direito canônico, não era a pessoa indicada para emitir um ditame em matéria tão grave. O Rei logo compreendeu que não seria fácil fazer passar o Chanceler para o seu partido e deixou-o livre para ocupar-se nos trabalhos que lhe competiam em função do seu cargo.

Quais eram as disposições de Thomas em face das novas responsabilidades? Três dias após a nomeação escrevia a Erasmo: «Por longo tempo desejei um período de descanso. E eis que, repentinamente, me vejo lançado no meio de inumeráveis e importantíssimos negócios. Os amigos elogiam-me e dão-me efusivos parabéns; mas tu, que costumas medir com critério as coisas humanas, talvez te compadeças da minha sorte. Eu tento acomodar-me às circunstâncias e agrada-me imenso o favor que o Rei me demonstrou. Quero corresponder sinceramente, com diligência, fidelidade e boa vontade às esperanças que em mim se colocaram»[26].

Com esses pensamentos, entregou-se em cheio às suas tarefas como administrador-mor da justiça. Não foi pouco trabalho, pois verificou com surpresa que Wolsey, o seu antecessor, deixara acumular os expedientes por anos a fio. E trabalhou até o dia em que, tendo pedido ao seu secretário o processo seguinte, este lhe respondeu que *there was none*, não havia mais nenhum.

Por herança paterna, More trazia nas veias o sentido reverencial da justiça. Combinava sabiamente o rigorismo do direito estatutário com os princípios do direito natural e da equidade. E para tornar acessível a justiça aos desvalidos, «costumava sentar-se quase todas as tardes no vestíbulo da sua casa, deixando as portas abertas, a fim de que as pessoas que quisessem expor-lhe as suas queixas chegassem sem temor à sua presença para contar-lhe os seus agravos»[27].

Clemência e integridade foram as duas características da atuação do supremo magistrado. Manteve-se incorruptível em plena época de venalidade. Conta o genro que, tendo More sentenciado em favor de uma viúva rica, contra um nobre, a senhora se apresentou em casa do Chanceler, por ocasião do Ano-Novo, levando-lhe de presente um par de luvas cheias de moedas de ouro. Com um leve sorriso, Sir Thomas esvaziou as luvas e disse-lhe: «Senhora, seria falta de galantaria desprezar o presente de Ano--Novo de uma dama. Contento-me com as luvas». Em carta a Lord Mountjoy, Erasmo escrevia: «A Inglaterra está de parabéns, pois não lhe podia ter tocado melhor juiz nem mais santo»[28].

Nas grandes cerimônias, o Chanceler vestia-se a caráter, como o retratou Holbein, «para evitar singularizar-se. [...] Mas por dentro tinha em nada tais vaidades e trazia escondida e em contato com o corpo uma camisa-cilício»[29]. Começara a usá-la — uma camisa de pelo áspero — desde jovem, e não a abandonaria até o dia anterior à execução.

Continuava fiel à oração mental, às normas de piedade e às visitas aos necessitados. E recorda a tradição familiar que, quando certa vez o duque de Norfolk apareceu em Chelsea, convidado para almoçar, e os familiares lhe disseram que More ainda estava na igreja, o duque lá o foi encontrar, vestido de sobrepeliz e desafinando no coro, pois parece que entre os seus dotes não se contava o do ouvido musical: «Pelo corpo de Cristo, lorde chanceler, sacristão de paróquia! Desonrais o Rei

53

e o vosso ofício!» Mas More respondeu-lhe pausadamente: «Não. Vossa Senhoria não pode pensar que o Rei se vai ofender ou que desonro o meu ofício por servir a Deus, que é o Senhor do meu Rei».

O parlamento da reforma

O Rei pôs em andamento a máquina legal, cujos bastidores conhecia muito bem, a fim de forçar o ditame da Igreja sobre o seu matrimônio. Queria uma submissão geral dos bispos e do clero para obter depois a do resto dos fiéis. Iniciou também uma campanha nas Universidades europeias para comprar pareceres favoráveis à sua causa, ao que Carlos V reagiu com ditames contrários de outras Universidades.

Nada conseguindo por essa via, Henrique obrigou os nobres a escrever uma carta coletiva ao Papa em que lhe diziam que «a causa do Rei é a causa de todos nós, porque é transmitida da cabeça aos membros»[30]. O Papa respondeu que era necessário ter presente não só o interesse do Rei, mas o de toda a cristandade, e que não podia ceder ao pedido.

O secretário e membro do Conselho privado Cromwell* sugeriu então ao Rei que convocasse o Parlamento. Usando como pretexto o argumento de que Wolsey tinha usurpado poderes eclesiásticos e civis, Henrique acusou todo o clero de cumplicidade e exigiu dos bispos uma «doação» de cem mil libras como compensação. Amedrontado, o episcopado cedeu, e Henrique foi mais audaz: exigiu que o aceitassem como senhor supremo da Igreja na Inglaterra. Era um passo decisivo e dramático. Apenas dois bispos protestaram: Tunstall, de Londres, e Fisher, de Rochester. Num

---

(*) Thomas Cromwell (1485-1540), que não deve ser confundido com Oliver Cromwell (1599-1658), líder puritano que, depois de ter destronado o rei Jaime II, governou o Reino Unido como *Lord Protector*.

derradeiro esforço, Fisher conseguiu que se introduzisse no documento uma ressalva aos novos poderes do Rei: «na medida em que é permitido pela lei de Cristo».

More passou por momentos especialmente duros. Bem é verdade que o Papa se mantinha na expectativa, e que o Rei continuava a mostrar-se católico, pois queria que fosse Roma a anular-lhe o casamento. Por outro lado, o documento que o reconhecia como senhor supremo da Igreja na Inglaterra era ainda compatível *de facto* com a doutrina católica, enquanto não se exercessem os poderes nele implícitos e tendo em conta a ressalva de Fisher. Mas, com o rumo que as coisas tomavam, More via configurar-se um atentado intolerável aos ditames da sua fé e da sua consciência.

Com 54 anos, decidiu resistir, sabendo perfeitamente que arriscava a sua situação profissional e o bem-estar da família. Perguntado numa sessão do Parlamento qual era a sua opinião sobre o casamento do Rei, respondeu que tinha as suas próprias ideias sobre o assunto. O embaixador espanhol escrevia ao Imperador que More desejava abandonar o cargo logo que fosse possível.

O cisma da Inglaterra e a renúncia de More

Em 15 de maio de 1532, a instâncias de Cromwell, a Câmara dos Comuns apresentou à Coroa uma *supplication* em que se alinhava uma longa lista de acusações contra o clero. Novamente aterrorizados, os bispos assinaram um documento de *submission* que delegava incondicionalmente ao Rei o poder de legislar em matéria eclesiástica. O cisma era agora um fato. Na manhã seguinte, Sir Thomas renunciava ao cargo.

Com isso, entrava em dificuldades, não só profissionalmente, porque era idoso demais para retomar o exercício da advocacia, mas pela pressão a que seria submetido para aceitar de público o casamento do Rei com Ana Bolena: toda a Corte — mas sobretudo o Rei — sabia do peso da opinião de More e da influência do seu critério. A pressão começou imediatamente.

Poucos dias depois, More recebia a visita de Cromwell em sua casa de Chelsea. Suavemente, disse ao secretário do Rei: «Estais a serviço de um príncipe muito nobre, prudente e generoso. Se quereis seguir o meu modesto conselho, dizei-lhe sempre o que deve fazer, mas nunca o que é capaz de fazer»[31].

Sem se abalar com a perda de uma dignidade oficial, More fazia ao maquiavélico Cromwell a advertência contrária à do *Príncipe*, livro que na época corria manuscrito pelas Cortes. Maquiavel advogava a política do êxito a todo o custo, mesmo que tivesse que apoiar-se na crueldade, na hipocrisia ou no terror. O humanista inglês rejeitava a razão de Estado, a arbitrariedade do governante, a sua astúcia, para referir a realidade política a uma ordem governada pela razão divina.

Com a perda do cargo, as suas rendas baixaram para cem libras anuais, e teve que despedir a maior parte da criadagem, não sem antes lhes procurar emprego entre os amigos. Reuniu a mulher, filhos e genros, e depois de estudar com eles outros cortes nos gastos, concluiu: «E ainda temos um recurso: que saiamos juntos a mendigar com saco e cajados... Cantaremos pelas portas das casas a Salve-rainha, todos juntos e alegres». Alegrava-o saber que a sua pobreza era por amor à justiça, e mais cresciam nele a fé e o bom humor.

Agora costumava conversar com a família da felicidade que os esperava no céu, da vida e da constância dos primeiros mártires. Assim preparava os seus para os acontecimentos que se aproximavam.

No meio desses pesares, no seu encerramento em Chelsea, passou a dirigir os seus esforços em defesa da fé. Não sem humor, escreveu que o Senhor enviava à Inglaterra nesses anos tão abundante safra de cereais como de maus livros. A heresia protestante espalhava-se, e em 1531 More escreve o seu *Diálogo* para rebater um certo Tyndale. Em 1533 publica a *Apologia*, em defesa da Igreja acusada de crueldade para com os hereges.

Agradecidos, alguns bispos reuniram-se e decidiram ressarcir More dos seus trabalhos, oferecendo-lhe certa quantia em dinheiro. Sir Thomas agradeceu-lhes o gesto, mas recusou-se a recebê-la: «Meus senhores, antes quero ver lançada essa soma ao Tâmisa do que eu ou algum dos meus ficar com um só centavo dela [...]. Sinceramente lhes digo que nem por isso nem por muito mais teria eu perdido o descanso de tantas noites de sono como consumi. Não me pesaria, no entanto, tê-las perdido se assim se extinguissem as heresias, mesmo à custa de que se queimassem todos os meus livros e perecessem por completo todos os meus trabalhos».

O casamento do rei e a prisão de More

A partir de agora, a sucessão dos acontecimentos irá solicitar de Sir Thomas todas as energias espirituais silenciosamente acumuladas ao longo dos anos, desde os tempos em que decidira ter uma intensa prática de vida cristã.

No outono de 1532, Ana Bolena engravida e o Rei quer resolver definitivamente o assunto da nulidade. Nomeia primaz de Canterbury Thomas Cranmer, um clérigo ambicioso, ocultamente protestante, que odiava o Papa. Cranmer intitulou-se a si próprio legado pontifício e declarou nulo o casamento do Rei com Catarina de Aragão.

Pouco depois, Henrique casava-se com Ana Bolena*.

A partir de 1534, começam a ser apresentadas ao Parlamento diversas leis destinadas a cortar as relações com Roma, como forma de pressão contra o Papa, que declarara nulo o casamento em julho

---

(*) Era tal o desejo do Rei de contar com a adesão de Thomas More que mandou convidá-lo para a cerimônia do casamento por intermédio de dois bispos, os quais, dada a sua pobreza, ao convite juntaram vinte libras para que comprasse roupas apropriadas para a solenidade. More contou-lhes um episódio histórico: certo imperador romano, que queria favorecer a virgindade no Império, cominou certos crimes com a pena de morte, a não ser que os cometesse uma virgem. Aconteceu que o primeiro desses crimes foi cometido precisamente por uma virgem, e o César não sabia o que fazer. Até que lhe deram a solução: deflorar primeiro a virgem e depois lançá-la às feras. E More continuou: «Atenção, senhores, porque há quem procure, primeiro, que assistais à coroação; depois, que pregueis a seu favor; e finalmente, que escrevais em sua defesa, para acabar assim por deflorar-vos. E quando vos tiverem deflorado, não tardarão em devorar-vos» (William Roper, *The lyfe of Sir Thomas Moore, knighte*, págs. 57 a 59). E recusou-se a comparecer ao casamento.

de 1533. A mais importante dessas leis foi o *Succession Act*, cujo preâmbulo negava a validade do casamento do Rei com Catarina e a supremacia espiritual do Papa. O texto reconhecia plenos direitos dinásticos aos filhos de Ana Bolena e obrigava todos os cidadãos a prestarem juramento ao *Act*, sob pena de traição. Todos os parlamentares juraram.

Thomas More foi intimado a comparecer ao Palácio de Lambeth para prestar juramento. Sabendo que era o fim, confessou-se, assistiu à missa e despediu-se serenamente da família. Tempos depois, já preso, contava por carta a Meg o que acontecera naquele dia: «Depois de ler de mim para mim ambos os textos (o juramento e a lei), expliquei que não era minha intenção criticar o *Act* nem o seu autor [...]. Disse que, de boa-fé, a minha consciência me instava a tal ponto que, mesmo não me negando a jurar o que dizia respeito à sucessão, não podia aceitar o juramento tal como me era apresentado sem arriscar a minha alma à condenação eterna»[32].

Tentaram demovê-lo mostrando-lhe a lista dos parlamentares que haviam jurado, ao que More respondeu que também o faria se se mudasse o preâmbulo. Cranmer voltou ao Rei e propôs-lhe que se concordasse com More, mas Henrique recusou-se violentamente, certo de que com isso se abriria um terrível precedente.

A integridade da consciência de More, apoiada num fino espírito jurídico, fica patente nestas letras a Meg: «Pensei e continuo a pensar ser coisa razoável que, sendo eu quem deva prestar juramento, seja eu também quem se ocupe de que tudo esteja em regra; que seja prudente na forma de fazê-lo e não estenda a minha mão sobre o juramento inteiro quando nunca tive a intenção de jurar uma das suas partes. Seja como for — e Deus me ajude —, no que se refere ao juramento, nunca estimulei ninguém a que o rejeitasse, nem jamais despertei escrúpulos nas mentes de outros, mas a cada um deixo com a sua própria consciência, e acho que é uma boa razão para que os outros me deixem em paz com a minha».

Estava disposto a ceder no que dizia respeito às regras da sucessão, afinal uma simples questão política. Mas no essencial, no que tocava ao primado do Papa e à validade do casamento com Catarina, mantinha-se firme. Sentia-se feliz, pois como dissera a Roper ao dirigir-se ao palácio: «Filho, dou graças a Deus, porque a batalha está ganha»[33]. Tinha quebrado as amarras.

Depois de passar quatro dias sob custódia, rejeitou novamente o juramento e foi encarcerado na Torre de Londres, à espera de ser julgado.

«BOM SERVIDOR DO REI, MAS DE DEUS PRIMEIRO»

Os meses da torre

Thomas More viveu num calabouço da Torre de Londres até o dia da sua morte, em julho de 1535. Sabendo o que o aguardava, preparou-se do melhor modo possível, dedicando-se intensamente à oração, à meditação da paixão de Cristo e ao exame da sua vida. Nos primeiros meses, teve certa liberdade de movimentos, podia confessar-se, assistir à missa e escrever. Redigiu um *Diálogo sobre o consolo na tribulação* e um tratado sobre a forma de receber dignamente a Eucaristia.

É impressionante o seu progresso interior nestes meses. Contando 58 anos, avô e chefe de uma família numerosa, revela-se cheio de amor pelos seus, mas de um amor purificado de egoísmos diante do sacrifício que se aproxima. Em maio de 1534 recebe uma carta de Meg: «Pai, qual pensas que tem sido o nosso consolo desde a tua ida? Não outra coisa, sem dúvida, que a lembrança que conservamos da tua vida aqui conosco, da tua conversa sobre as coisas divinas, do teu conselho acertado, do teu exemplo de virtude e da certeza de que esta não continua igual, mas aumentou muito pela bondade de Nosso Senhor até alcançar-te a paz... Deus fará que te recordemos e estejamos unidos a ti para nosso único consolo, a fim de que possamos no fim reunir-nos contigo, amadíssimo pai, na felicidade desse céu que Nosso Senhor misericordioso comprou com o seu Sangue precioso. Despede-se a tua filha, Margaret Roper, que tanto te ama, e te obedece e reza por ti, e que, acima de qualquer outra coisa, só desejaria estar no lugar de John Wood* para poder servir-te de alguma maneira. Vivemos na esperança de que em breve voltaremos a ter-te entre nós. Peço a Deus de todo o meu coração que assim seja, se for a sua vontade»[34].

Em carta à filha, Sir Thomas dá uma ideia da segurança e do abandono em Deus que ia adquirindo: «Se me propusesse declarar por escrito, querida filha, quanta alegria e consolo me proporcionam as tuas cartas, uma montanha de carvões não seria suficiente. [...] Chegou aos meus ouvidos um rumor: que a minha pretensa obstinação em rejeitar o juramento talvez force o Rei a dar um novo decreto de que seja impossível fugir. [...] Não penses que não refleti nisso, e ao dar voltas na minha cabeça a todos estes assuntos, devo

---

(*) O criado que foi autorizado a cuidar de More na prisão.

confessar, filha minha queridíssima, que me achei muito carnal (Deus tenha piedade de mim). Senti a minha própria carne fugir covardemente da dor e da morte com mais intensidade do que a que eu pensava ser normal num homem e fiel cristão. [...] Mas devo agradecer ao Senhor que, nessa luta, o espírito tenha acabado por vencer e tornar-se senhor, e a razão, com a ajuda da fé, tenha chegado finalmente à seguinte conclusão: perder a vida e morrer injustamente por agir bem é uma situação em que um homem pode perder a sua cabeça e, apesar disso, não sofrer dano algum, antes pelo contrário, receber da mão de Deus um bem inestimável»[35].

A sua própria esposa não compreendia que ele não pudesse pensar como os outros. Numa das visitas à Torre, atacou-o sem rodeios: «Como vão as coisas, *master* More? Muito me surpreende que faças agora de bobo encerrado aqui, nesta miserável prisão, convivendo alegremente com ratos e ratazanas, quando bem podias estar fora e livre, se fizesses o que todos os bispos e personagens deste reino fizeram. Em Chelsea tens uma bela casa, biblioteca, livros... Que demônios fazes que não te apressas em deixar isto?» O marido escutou-a com infinita paciência, como de costume. Depois disse-lhe: «Alice, responde-me: não se acha esta casa tão perto do céu como a minha? Então... Aliás, se levasse sete anos debaixo da terra e me ocorresse ressuscitar e voltar à minha casa, com certeza que toparia com alguém à porta que me poria a andar dizendo-me que já não era minha. Por que hei de apegar-me a uma coisa que vai esquecer em breve o seu dono?»[36].

Noutra ocasião, teve com a mulher este diálogo: «Bem, Alice, por quanto tempo pensas que poderei gozar desta vida? — Pelo menos vinte anos, se Deus quiser. — Minha boa mulher, não serves para negociante. Queres que troque a eternidade por vinte anos?»

Quando o duque de Norfolk o advertiu de que era muito o risco de enfrentar os príncipes, pois podia acarretar a morte, More teve estas palavras: «Isto é tudo, senhor? Pois a verdade é que entre Vossa Senhoria e eu não há outra diferença a não ser que eu morrerei hoje, e Vossa Senhoria amanhã».

Pouco tempo depois da morte de Clemente VII, Henrique promulgou um novo *Act* em que se suprimia a ressalva sobre a supremacia espiritual do Rei, introduzida anteriormente por Fisher, que agora era vizinho de cela de More. A seguir, veio um novo *Act* que considerava réus de alta traição — portanto, de pena de morte — todos os que *maliciosamente* privassem a família real dos seus títulos e dignidades, ou considerassem o monarca herege, cismático, tirano ou infiel. Ainda outro *Act* acusava More desses crimes. O desfecho precipitava-se.

Nos primeiros meses de 1535, More recebeu nova visita de Cromwell e dos demais membros do Conselho Real, por incumbência do Rei. Tentaram outra vez quebrar-lhe a resistência, mas nada conseguiram. Depois de um longo interrogatório, More disse-lhes: «Sou verdadeiro e leal súdito do Rei... Rezo por sua Majestade e por todos os seus e por todo o reino. Não faço, nem digo nem penso nada em prejuízo seja de quem for; para todos desejo o bem. E se isto não é o bastante para permitir que um homem continue vivo, então na verdade não desejo continuar a viver»* [37].

(*) Após uma dessas investidas, tiraram-lhe a tinta, os manuscritos e os fólios. Mal os interrogadores saíram, Sir Thomas fechou as persianas, deixando o quarto às escuras. O carcereiro quis saber por quê, e More disse-lhe: «Quando levam a mercadoria e os utensílios, é preciso fechar a loja». Naqueles dias, More escrevia *A Paixão do Senhor*, e foi ao chegar precisamente às palavras *e deitaram as mãos a Jesus...* (Jo 18, 12) que lhe tiraram os livros, a tinta e o papel (Stapleton, *op. cit.*, foi. 1031).

O julgamento e a condenação

O bispo de Rochester, John Fisher, foi executado em 22 de junho de 1535. No dia 1 de julho, Sir Thomas foi citado para comparecer a julgamento na mesma sala em que fora juiz da Suprema Corte da Inglaterra.

Leram os agravos contra ele. A primeira acusação foi de que tinha privado *maliciosamente* o Rei do título de Chefe Supremo da Igreja anglicana. More respondeu que jamais tinha falado do assunto com ninguém e que portanto não se podia achar malícia onde houvera apenas silêncio, porque «nem o vosso estatuto nem todas as leis do mundo podem condenar ninguém senão por ter dito ou feito alguma coisa». Aliás — acrescentou —, em termos jurídicos, o seu silêncio antes podia parecer afirmação de uma lei do que o seu menosprezo. E assim foi rebatendo outras acusações, com absoluta firmeza[38]. Quando

Richard Rich, o procurador geral, que o entrevistara na Torre, deu uma versão deturpada daquela conversa, More indignou-se: «Se o que jurais for verdade, que eu jamais veja a face de Deus». Um arrepio percorreu os presentes.

Depois de quinze minutos de deliberação, o júri considerou o acusado culpado, e quando o Chanceler se dispunha a ler a sentença, Sir Thomas interrompeu-o com estas palavras: «Lord, quando eu administrava a justiça em casos semelhantes, costumava-se perguntar ao réu, antes de ser lida a sentença, se tinha alguma coisa a alegar contra ela». Fez-se um pesado silêncio na sala. Thomas começou a falar: «Considerando que estais decididos a condenar-me — e Deus sabe como! —, manifestarei simples e livremente, para descargo da minha consciência, o meu parecer sobre o estatuto e sobre a acusação». Agora, sim, chegara o momento de confessar a sua fé. Não ocultamente e no segredo da Torre, na ocasião escolhida pelos inimigos, mas em terreno oficial, publicamente. Afirmou que a acusação se baseava numa lei do Parlamento que repugnava à lei de Deus e da Igreja, cujo supremo governo cabia à Santa Sé. O povo inglês era uma pequena parte da Igreja e os seus governantes não podiam promulgar uma lei contra a totalidade dela, tanto mais que essa lei era contrária ao que estabelecia a Carta Magna e ao juramento feito pelo Rei ao ser coroado.

Interveio o duque de Norfolk: «Agora vemos, *master* More, que pensais com malícia». More retrucou: «Não, com certeza. É a necessidade que me obriga a falar em descargo da minha consciência. E apelo para Deus, cujo olhar penetra no mais profundo do coração humano; Ele me servirá de testemunha. Mas não é só pelo assunto da supremacia do Papa que quereis o meu sangue: é também por não querer ceder no assunto do casamento». More punha o dedo na chaga. Tanto aparato legal promulgado por Henrique não era senão um expediente para encobrir a sua luxúria e soberba.

Houve um murmúrio na sala e o Chanceler, inquieto e desejoso de acabar quanto antes, quis saber se a acusação era suficiente para ditar a sentença. O *Chief of Justice* respondeu-lhe, com todas as características do método sibilino: «Senhores, se a lei não é injusta, a acusação não é insuficiente».

Perguntou-se ao acusado se desejava dizer mais alguma coisa. Com grande serenidade, More levantou-se e disse: «Espero e oro para que, apesar de Vossas Senhorias terem sido juízes da minha condenação, nos encontremos gozosamente no céu... E assim, também desejo que o Deus todo-poderoso preserve e defenda Sua Majestade o Rei e lhe inspire bons conselhos».

Os últimos dias

Pelo texto da sentença, o réu era condenado a ser «suspendido pelo pescoço» em

Tyburn e cair em terra ainda vivo. Depois, seria esquartejado e decapitado, e teria a cabeça e as quatro extremidades expostas onde o Rei houvesse por bem indicar. Em atenção à categoria do sentenciado, a clemência real substituiu esse suplício pela simples decapitação. E aqui aparece novamente o soberano humor de Thomas More que, ao saber disso, comentou: «Não permita Deus que o Rei tenha semelhantes clemências com os meus amigos...»

À saída da sala de audiências, esperava-o uma grande multidão de pessoas, entre elas alguns familiares. O filho John atirou-se aos seus pés, chorando e pedindo-lhe a bênção. Meg fundiu-se com o pai num longo abraço silencioso, depois separou-se dele alguns passos e voltou a abraçá-lo em prantos. More disse-lhe: «Meg, tem paciência e não queiras atormentar-te tanto, porque é assim que Deus quer. Há muito tempo que conheces o segredo do meu coração».

A sós na Torre, onde buscar consolo senão em Deus? Voltou a entregar-se à meditação da paixão e morte de Cristo e escreveu anelantes jaculatórias de contrição: «Deus glorioso, dai-me a graça de, sem prestar atenção ao mundo, repousar e fortalecer de ora em diante o meu coração no teu, para que eu diga com o abençoado Apóstolo Paulo: *O mundo está crucificado para mim, e eu para o mundo. Desejo morrer e estar com Cristo...* Deus todo-poderoso, ensinai-me a cumprir a vossa Vontade»[39].

Mesmo nos últimos quatro dias de vida não desdenhou a penitência rigorosa e exigente, com ânsias de purificação. Na segunda-feira, 5 de julho, enviou a Meg a camisa-cilício e uma pequena carta escrita com a ponta de um graveto. São as últimas palavras que escreveu: «Estou-te perturbando demais, minha boa Meg. Mais lamentaria, porém, ter de incomodar-te depois de amanhã, véspera de São Tomas (de Canterbury) e oitava de São

Pedro. Desejaria, pois, partir amanhã para Deus [...]. Nunca gostei mais do teu comportamento do que quando me beijaste pela última vez. Porque me encanta ver que o amor filial e a caridade delicada nada se importam com os preconceitos mundanos. Adeus, filha querida, reza por mim, que eu rezarei por ti e pelas tuas amizades, para que alegremente nos encontremos no céu». Seguem-se algumas encomendas e pequenos recados: envia o seu lenço à filha Cecily e saudações à esposa e aos outros filhos e parentes. Acaba a carta insistindo em que voltarão a encontrar-se *merry together*, todos juntos e alegres, sob as bênçãos de Deus.

Na terça-feira, 6 de julho, muito cedo, o seu amigo Sir Thomas Pope comunicou-lhe que, por decisão do Rei e do Conselho Real, seria executado antes das nove horas da manhã. More disse-lhe que estava muito agradecido ao Rei «e mais obrigado ainda por ter-me trazido a este lugar, onde dispus de espaço e de tempo para recordar o meu fim»[40].

Essas palavras não tinham nada de irônico: eram a expansão de um homem absolutamente sereno e cheio de paz, que em tudo via motivos de agradecimento. Grande comoção e lágrimas do amigo, a quem More teve de acalmar: «Sossegai, meu bom *master* Pope, e não vos apeneis. Porque estou certo de que nos veremos novamente no céu, alegres, na certeza de que viveremos e nos amaremos na felicidade da bem-aventurança eterna».

O preso dormiu tranquilamente e pela manhã tomou um copo de leite. Antes de sair para o cadafalso, ordenou que se desse uma boa gorjeta ao carrasco.

A execução

Embora o trajeto até Tower Hill fosse curto, o preso demorou um bom tempo a percorrê-lo, devido aos apertos da multidão. Uma mulher ofereceu-lhe vinho, mas More recusou dizendo que a Cristo, na Paixão, tinham oferecido vinagre. Outra recriminou-o por ter dado uma sentença contra ela, quando Chanceler. Sem demonstrar amargura, More respondeu-lhe: «Lembro-me bem do teu caso. Se tivesse que dar a sentença de novo, seria exatamente a mesma»[41].

Chegando ao cadafalso, começou a subir resolutamente os fracos degraus, enquanto dizia a um dos guardas: «Ajuda-me a subir, que descer eu desço sozinho»[42]. De joelhos, recitou o Salmo 50 e dirigiu-se aos circunstantes pedindo-lhes que rezassem por ele, que ele faria o mesmo no outro mundo*;

(*) As últimas palavras do seu livro *Supplication of Souls* são talvez a mais lacerante expressão da sua devoção pelas almas do purgatório, a quem faz dizer: «Lembrai-vos da nossa sede, quando vos sentardes a beber; da nossa impaciente espera, quando fordes dormir; da nossa dor e terrível pena, quando fordes divertir-vos. E Deus queira que os vossos descendentes se lembrem no futuro de vós, para que Ele vos traga a

suplicou que orassem pelo monarca e concluiu dizendo que morria «como bom servidor do Rei, mas de Deus primeiro», *«the King's good servant, but God's first»*[43].

Segundo o costume, o verdugo pediu-lhe perdão de joelhos, e More disse-lhe: «Ânimo! Não tenhas medo de cumprir com o teu ofício. Meu pescoço é muito curto. Vai com cuidado e não cortes de lado, para que fique a salvo a tua honradez»[44]. Cobriu o rosto com um lenço, puxou a barba para a frente, recomendando ao carrasco que não lha cortasse, e inclinou-se devagar, pondo a cabeça sobre o cepo. De um só golpe, o verdugo decapitou-o.

A cabeça foi exposta na entrada de uma das pontes de Londres. Passado um mês, Meg conseguiu recuperá-la, subornando o

---

este lugar ou, melhor ainda, vos leve logo àquela felicidade a que, pelo amor de Nosso Senhor, vos pedimos que nos ajudeis a chegar. Quando ali estivermos, dar-vos-emos uma ajudazinha» (E. E. Reynolds, *Saint Thomas More*, Londres, 1953, pág. 224).

carrasco, que tinha ordens de lançá-la ao Tâmisa. Atualmente, a relíquia, com a qual Meg quis ser enterrada, é venerada no túmulo da família Roper na igreja de Saint Dunstan, em Canterbury.

O corpo mutilado foi sepultado pela família numa capela da Torre de Londres até que, ante o afluxo de gente, as autoridades resolveram jogá-lo na vala comum da mesma Torre, para evitar que fosse reconhecido. Uma inscrição menciona os nomes de alguns dos que lá estão. E hoje não deixa de ser uma ironia que os restos de Sir Thomas More descansem em paz junto com os do bispo John Fisher, e os de Ana Bolena e Thomas Cromwell, também executados por ordem do Rei.

Toda a Europa se fez eco da morte de More, como se vê pela numerosa correspondência diplomática e pelas cartas com que os humanistas amigos do mártir comunicaram a notícia uns aos outros.

Erasmo escrevia ao bispo de Cracóvia que morrera «o melhor e o mais santo dos homens que viveram na Inglaterra»[45].

Enfurecido com o clamor que se estendia por toda a parte, Henrique VIII confiscou a casa de Chelsea. A viúva Alice teve de contentar-se com uma pensão de vinte libras anuais até o fim da vida. Meg foi interrogada pelo Conselho Real e alguns dos filhos e genros de More foram encarcerados, mas soltos pouco tempo depois com a ajuda de amigos.

Foram anos de defecção universal: a não ser More, Fisher e um punhado de frades cartuxos, não houve ninguém que fosse contra a corrente. Mas o tempo iria mostrar a diferença entre o transitório e o permanente. Ana Bolena foi acusada de adultério e executada em maio de 1536. Nesse mesmo mês, Henrique casava-se com Joan Seymur, que veio a falecer de parto. Por intrigas dos adversários, Cromwell foi executado em junho de 1540. Nesse dia, o Rei casava-se com Catarina Howard, que foi decapitada em 1542. E em 1547, obeso e maniático, morria o próprio Henrique VIII. Na outra vertente, crescia a fama de santidade de Sir Thomas More. Em 29 de dezembro de 1886, um decreto de Leão XIII declarava-o beato e em maio de 1935, a pedido do Cardeal Bourne, dos arcebispos e bispos da Inglaterra, Escócia e Irlanda, de diversas Universidades e admiradores, o Papa Pio XI elevava aos altares o bispo Fisher e o «leigo Thomas More».

Decisões da consciência

Thomas More morre em defesa da liberdade de seguir os ditames da sua consciência, esclarecida pelas luzes da fé cristã. A uma sociedade inteira, em que fazem coro — por bajulação ou por medo — a nobreza, as Universidades e todos os bispos à exceção de um, More opõe a intrepidez inamovível de um homem de «antes quebrar que torcer». Quando a sua filha Meg também lhe pediu, a certa altura, que aderisse à opinião de todos, More respondeu que jamais tentara «pendurar a sua alma, com um alfinete, das costas de outro homem»[46].

Como não evocar aqui a figura dos primeiros mártires do cristianismo? Não competia ao Rei da Inglaterra legislar sobre matérias que diziam respeito ao corpo de doutrina da fé católica, como outrora não podiam os Imperadores romanos obrigar os cristãos a prestar-lhes culto. Estes declaravam-se e eram bons súditos do Imperador, como More foi durante toda a sua vida bom servidor do Rei. Mas de Deus primeiro.

O problema é de todos os tempos. Tanto dá que nuns países se pretenda fazer da política uma teologia e, em outros, da teologia uma política. Nos dois casos, acaba-se por converter a fé em fonte de uma política que será necessariamente clerical, totalitária e fanática.

More soube compreendê-lo de forma dramática. A sua morte foi o protesto contra a intromissão do Estado em assuntos da Igreja. E é curioso observar que esse protesto partiu precisamente de um homem que também se mostrara contrário à intromissão da Igreja em assuntos do Estado*. Repugnava-lhe misturar e confundir

---

(*) Quando Henrique VIII lhe pediu o parecer sobre a sua *Assertio septem sacramentorum*, publicada em defesa da autoridade do Papa contra os escritos de Lutero, More estranhou os argumentos exagerados utilizados pelo Rei e ponderou-lhe: «Uma coisa devo recordar a Vossa Majestade: o Papa, como Vossa Majestade bem sabe, é também príncipe, e entra em liga com outros príncipes cristãos. Bem poderia acontecer mais adiante que surgissem diferenças entre ele e Vossa Majestade acerca de alguns pontos da liga. E então se quebraria a amizade e estalaria a guerra entre vós. Acho melhor, portanto, rever este ponto e que se ponha de relevo a autoridade do Papa em termos mais matizados» (William Roper, *op. cit.*, págs. 67-68). Ficava muito claro que More distinguia no Papa a sua autoridade incontestável e universal como Vigário de Cristo dos seus poderes como chefe temporal. O rei não concordou, e o paradoxo está em que esse livro lhe valeu o título de *defensor fidei*, que depois atraiçoou, ao passo que More morreu pela fé.

o religioso com o político, fosse em que sentido fosse. E deu testemunho disso com o seu sangue.

Um homem para a eternidade

Sir Thomas More foi um humanista, ávido de saber. Mas foi acima de tudo um homem de fé. É patente que o seu caráter aberto e valente se forjou na escola das virtudes cristãs. De natural alegre, generoso e bem-humorado, espírito superior ante as dificuldades, soube rir-se de si mesmo e rir-se dos outros, amando-os, porque tinha uma visão otimista da vida. E isso era consequência da sua fé.

Fiel à oração interior sem palavras, austero e penitente, de um coração de pobre tanto na abundância como na escassez, homem de Eucaristia, a sua fé inspirou-lhe atitudes simples e equilibradas. Ressalta nele uma unidade de vida de corte clássico, em que cada ideia, cada responsabilidade, cada ocupação está no seu lugar e em perfeita harmonia com as demais.

Na paixão pelo trabalho e na sede de cultura, viu um modo de valorizar-se cristãmente e de servir a família e a sociedade.

Encaminhados os seus passos para a vida pública, seus anseios não foram de promoção pessoal, mas de amor à justiça, temperada pela equidade e aberta aos ideais universais de concórdia*.

Amou a família, rodeou-a de solicitude, mas a família não foi um reduto de egoísmo, porque a levou para Deus, natural e alegremente, mais pelas atitudes do que pelas ordens.

Foi um homem piedoso, silenciosa e jovialmente piedoso, e essa piedade

---

(*) Dizia que tinha três preocupações pelas quais não se importaria de dar a vida: que a Igreja recuperasse a unidade perdida com o cisma de Lutero; que reinasse a paz entre os príncipes cristãos; e que tivesse bom desfecho o assunto do Rei. Por esses ideais trabalhou, direta ou indiretamente, quanto pôde.

não o alienou, mas traduziu-se em virtudes experimentadas e em espírito de serviço, que são as pedras de toque da piedade verdadeira.

Este foi o segredo de Thomas More. Não esteve tanto na superioridade heroica que manifestou a partir do momento em que foi preso, mas na simplicidade de um espírito sem fendas, forjado desde a juventude. O núcleo da sua grandeza consistiu em ter sabido unificar o seu caráter ao ritmo dos apelos de Deus, que lhe iam chegando «em todas as estações», tanto na brisa sem fim das pequenas incidências, como no vendaval das opções dramáticas.

E quando as circunstâncias não lhe ofereceram outra saída senão o martírio, o homem que se propusera fazer em cada momento o que devia, quer lhe agradasse, quer o contrariasse, foi até o fim sem perder o bom humor. Apoiado na meditação da agonia e morte de Cristo — como sempre o fizera às sextas-feiras —, perdeu a vida como quem toma um copo de água. Não passou de mais uma fidelidade, como as de todos os dias. E mais nada. More é exemplo acabado das fidelidades *elementares*, que não configuram uma vida rasteira, mas vida de cumes sucessivamente alcançados, até onde Deus e a consciência o pedirem.

NOTAS

(1) Thomas Stapleton, *Tres Thomae*, Paris, 1620, fol. 990; (2) cf. Thomas More, *Epigrammata*, Basileia, 1520, fols. 108-110; (3) William Roper, *The lyfe of Sir Thomas Moore, knighte*, Early English Text Society, Londres, 1958, pág. 5; (4) H. M. Allen, *Opus epistolarum Des. Erasmi Roterodami*, Oxford, 1906-1947, vol. I, carta n. 118; (5) Roper, *op. cit.*, pág. 6; (6) Nicholas Harpsfield, *The life and death of Sir Thomas More*, Early English Text Society, Londres, 1932, pág. 13; (7) Thomas More, *The lyfe of J. Picus Erle of Myrandula*, in *The workes of Sir Thomas More knyght, sometyme Lorde Chauncellor of England, wrytten by him in the English tongue*, Londres, 1557, págs. 1-34; esta edição será doravante citada como *Works*; (8) Allen, *op. cit.*, vol. IV, n. 999; (9) Roper, *op. cit.*, pág. 10; (10) Allen, *op. cit.*, vol. IV, n. 999; (11) Bouge, *Letter to a lady about spiritual counsel*, in *English Historical Review*, VII, págs. 713-715; (12) T.E. Bridgett, *Life and writings of Sir Thomas More, Lord Chacellor of England and Martyr under Henry VIII*, Londres, 1891, pág. 115; (13) Allen, *op. cit.*, vol. IV, n. 999; (14) Bridgett, *op. cit.*, pág. 92; (15) R. B. Gottfried, *Essential articles for the study of Thomas More*, Connecticut, 1977, pág. 522; (16) E. F. Rogers, *Saint Thomas More: selected letters*, Londres, 1967, pág. 182; (17) *ibid.*,

pág. 103; (18) Stapleton, *op. cit.*, fol. 1021; (19) Allen, *op. cit.*, v. IV, n. 1233; (20) Roper, *op. cit.*, pág. 9; (21) Thomas More, *Utopia*, in *The Yale edition of the Complete Works of Saint Thomas More*, Londres, 1965; (22) Andrés Vázquez de Prada, *Sir Tomás Moro, Lord Canciller de Inglaterra*, 3ª ed., Madri, 1975, pág. 190; (23) E. Reynolds, *Saint Thomas More*, Londres, 1953, pág. 186; (24) G. Cavendish, *The life and death of Cardinal Wolsey*, Early English Text Society, Oxford, 1959, pág. 178; (25) Allen, *op. cit.*, vol. VIII, n. 2228; (26) *Ibid.*; (27) Roper, *op. cit.*, pág. 43; (28) Allen, *op. cit.*, vol. VIII, n. 2295; (29) Roper, *op. cit.*, págs. 48-51; (30) M. A. Tierney, *Dodd's Church History of England*, Londres, 1956, pág. 380; (31) cf. Roper, *op. cit.*, págs. 46-57; (32) Thomas More, *Carta* de 17-04-1534 a Margaret Roper, publicada em *Nuestro Tiempo*, Pamplona, junho de 1975, págs. 25-28; (33) Roper, *op. cit.*, pág. 73; (34) Margaret Roper, *Carta* sem data, in *Nuestro Tiempo*, cit., págs. 29-34; (35) Thomas More, *Carta* sem data, *ibid.*; (36) cf. Roper, *op. cit.*, págs. 72-84; (37) Thomas More, *Carta* de 2 ou 3-05-1534, in Rogers, *op. cit.*, pág. 550; (38) *Expositio fidelis de morte D. Thomae Mori...*, relato do processo e da morte de More atribuído a Erasmo e outros autores; in Allen, vol. XI, págs. 368-378; (39) *Works*, págs. 1417-1457; (40) Roper, *op. cit.*, págs. 101-102; (41) Stapleton, *op. cit.*, fol. 1052; (42) *Expositio...*, *cit.*; (43) Harpsfield, *op. cit.*, pág. 266; (44) Roper, *op. cit.*, pág. 103; (45) Allen, *op. cit.*, vol. XI, n. 3042; (46) Rogers, *Conscience decides*: *Sir Thomas More's letters and prayers from prison*, Londres, 1971, pág. 61.

Todas as citações no texto que não apresentarem nota remissiva correspondem à última nota citada anteriormente.

Direção geral
Renata Ferlin Sugai

Direção editorial
Hugo Langone

Produção editorial
Juliana Amato
Gabriela Haeitmann
Ronaldo Vasconcelos
Roberto Martins

Capa
Gabriela Haeitmann

Diagramação
Sérgio Ramalho

ESTE LIVRO ACABOU DE SE IMPRIMIR
A 12 DE DEZEMBRO DE 2023,
EM PAPEL OFFSET 90 g/m².